Alexis Feldmeier García

Das **DaZ-Buch**

Trainingsheft für Zweitschriftlernende

Ernst Klett Sprachen
Stuttgart

Das DaZ-Buch

Basiskurs für Zweitschriftlernende mit Audio-Dateien und Lehrerhandreichung online	978-3-12-666885-9
Trainingsheft für Zweitschriftlernende	978-3-12-666886-6

Symbole

Schreibe.

Verbinde.

Schreibe in deiner Sprache. ....

Wir danken der Firma Hans Zybura Software (www.zybura.com), die uns ihre Schriften „Zarb-Geheimschrift" (□□□□-□□□□□□□□□□□□□□) und Zarb-Flaschenpost (Zarb-Flaschenpost) für dieses Lehrwerk zur Verfügung gestellt hat.

1. Auflage 1 7 6 5 | 2026 25 24 23 22

Alle Drucke dieser Auflage sind unverändert und können im Unterricht nebeneinander verwendet werden.
Die letzte Zahl bezeichnet das Jahr des Druckes.

Internetadresse: www.klett-sprachen.de

Autor:
Alexis Feldmeier García

Redaktion: Renate Weber; Elisabeth Kunze, Rom; Nicole Nolte; Julia Hercher
Layout, Satz und Gestaltung: Eva Mokhlis, Stuttgart
Illustrationen: Sven Palmowski, Barcelona
Foto Umschlag: Gunther Pagel, Viernheim
Umschlaggestaltung: Sabine Kaufmann

Druck und Bindung: Elanders GmbH, Waiblingen

Printed in Germany.

978-3-12-666886-6

9 783126 668866

Inhalt

N n	4
_e _en	6
T t	8
A a	10
A a ah aa	12
R r	14
I i	16
_ie i ih	18
D d	20
S s	22
_s ss ß	24
E e Ä ä	26
E e eh ee	28
Ä ä äh	30
L l	32
U u	34
U u uh	36
M m	38
O o	40
O o oh oo	42
F f V v	44
W w V v	46
Ei ei	48
G g	50
K k C ck	52
B b	54
P p	56
Sch sch	58
Sp sp	60
St st	62
Au au	64
Ch ch _ig	66
_ch	68
H h	70
ü y	72
Ü ü üh y	74
Eu eu Äu äu	76
J j Y y	78
Z z	80
Ö ö	82
Ö ö öh	84
X x	86
Qu qu	88
_ng _nk	90
_er _r	92
Pf pf	94
Quellen	96

Nn

1a **Schreibe mit dem Finger N n.**

N n N n n

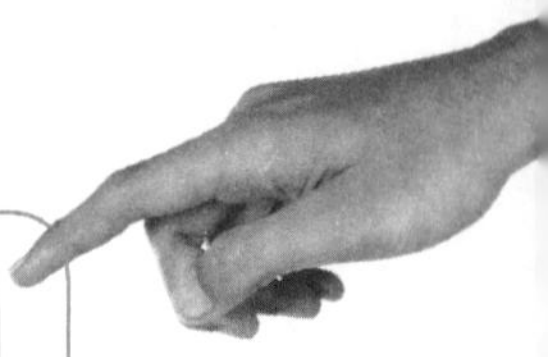

1b **Schreibe N n.**

N

n

N

n

1c **Schreibe N n.**

N n

2a **Schreibe N n und verbinde.**

Name

Nacht

Morgen

heißen

2b **Schreibe N n.**

Morgen Name heißen Nacht

2c **Schreibe N n.**

□acht Morge□ heiße□ □ame

2d **Schreibe N n.**

……ame Morge…… ……acht heiße……

3a **Schreibe n.**

Guten Morgen, können Sie mir helfen?

3b **Schreibe n.**

Wie ka□□ ich dir helfe□?

3c **Schreibe n.**

Ich ka…… das ……icht lese…….

4a **Schreibe.**

Können Sie mir helfen?

4b **Schreibe.**

Können □□□ □□□ □□□□□□?

_e _en

1a **Schreibe mit dem Finger _e _en.**

e en e en

1b **Schreibe _e _en.**

e

en

e

en

1c **Schreibe _e _en.**

e n e

2a **Schreibe _en und verbinde.**

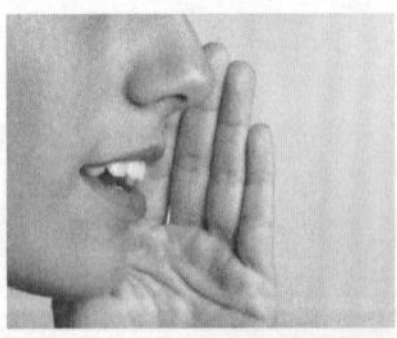

lesen

schreiben

sprechen

hören

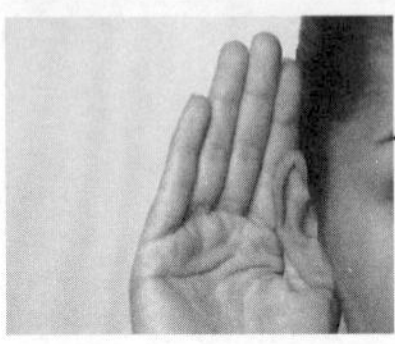

2b **Schreibe _en.**

lesen hören sprechen schreiben

2c **Schreibe _en.**

sprech□□ les□□ hör□□ schreib□□

2d **Schreibe _en.**

les…… schreib…… hör…… sprech……

3a **Schreibe _en.**

Entschuldigung, ich kann das nicht lesen.

3b **Schreibe _e.**

Wie ist Ihr Nam□?

3c **Schreibe _e.**

Mein Nam… ist Nikolov.

4a **Schreibe.**

Wie heißen Sie?

4b **Schreibe.**

W□□ □□□□□□ □□□?

T t

1a Schreibe mit dem Finger T t.

T t T t T t

1b Schreibe T t.

T

t

T

t

1c Schreibe T t.

T t

2a Schreibe T t _d und verbinde.

Deutschland

Türkei

Mehmet

Fatima

2b **Schreibe T t _d.**

Fatima Mehmet Türkei Deutschland

2c **Schreibe T t _d.**

□ürkei Fa□ima Deu□schland Mehme□

2d **Schreibe T t _d.**

Mehme.... Deu....schland Fa....ima ....ürkei

3a **Schreibe T t.**

Mehmet kommt aus der Türkei.

3b **Schreibe tt _d.**

Wie bi□□e? Aus welchem Land?

3c **Schreibe T t.**

Mehme.... komm.... aus der ....ürkei.

4a **Schreibe.**

Guten Tag, woher kommst du?

4b **Schreibe.**

□□□□□ T□□, □□□□□ □□□□□□ □□?

A a

1a Schreibe mit dem Finger A a.

A a A a a

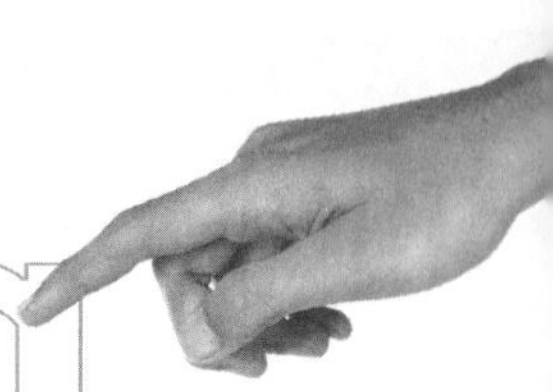

1b Schreibe A a.

A

a

A

a

1c Schreibe A a.

A a

2a Schreibe A a und verbinde.

Hallo

Adresse

Amt

Stadt

2b **Schreibe A a.**

Amt   Stadt   Adresse   Hallo

2c **Schreibe A a.**

St☐dt   H☐llo   ☐mt   ☐dresse

2d **Schreibe A a.**

...dresse   St...dt   H...llo   ...mt

3a **Schreibe A a.**

Wie schreibt man „Apfel“?

3b **Schreibe A a.**

D☐s schreibt m☐n: ☐-P-F-E-L.

3c **Schreibe A a.**

D...nke, ...hmed.

4a **Schreibe.**

Hallo, ist das deine Tasche?

4b **Schreibe.**

☐☐☐☐☐, ☐☐☐ ☐☐☐ ☐☐☐☐☐ ☐☐☐☐☐☐?

A a
ah aa

1a **Schreibe mit dem Finger A a ah aa.**

A a ah aa

1b **Schreibe A a ah aa.**

A a

ah aa

A a

ah aa

1c **Schreibe A a ah aa.**

A a

a h

2a **Schreibe A a ah aa und verbinde.**

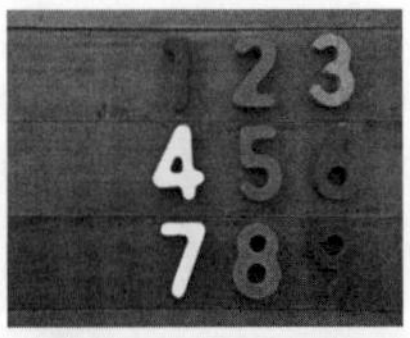

Staat

Abend

Straße

Zahlen

2b **Schreibe A a ah aa.**

Abend Straße Zahlen Staat

2c **Schreibe A a ah aa.**

Z□□len St□□t □bend Str□ße

2d **Schreibe A a ah aa.**

Str.....ße Z..........len St..........t .....bend

3a **Schreibe a.**

Guten Tag. Wie ist dein Name?

3b **Schreibe a.**

Wie ist dein N□chn□me?

3c **Schreibe A a.**

Mein N.....me ist J.....mil. Mein N.....chn.....me ist .....ziz.

4a **Schreibe.**

Ich habe eine Frage.

4b **Schreibe.**

□□□ □□□□ □□□□ □□□□□.

R r

1a Schreibe mit dem Finger R r.

R r R r R r

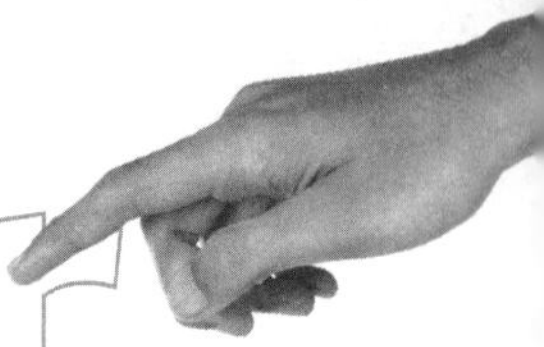

1b Schreibe R r.

R

r

R

r

1c Schreibe R r.

R r

2a Schreibe R r und verbinde.

Schere

Schülerin

Rucksack

Lehrerin

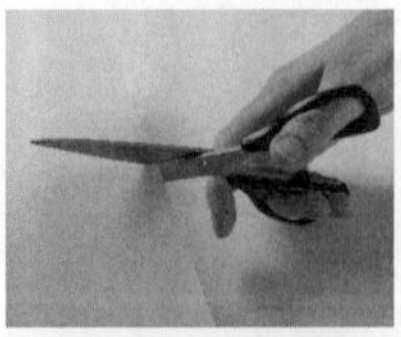

2b **Schreibe R r.**

Schülerin Rucksack Lehrerin Schere

2c **Schreibe R r.**

□ucksack Leh□e□in Sche□e Schüle□in

2d **Schreibe R r.**

Leh…e…in Sche…e Schüle…in …ucksack

3a **Schreibe r.**

Ich habe eine Frage.

3b **Schreibe R r.**

Sp□ichst du □ussisch?

3c **Schreibe r.**

Welche Sp…achen sp…ichst du?

4a **Schreibe.**

Ich spreche Arabisch.

4b **Schreibe.**

□□□ □□□□□□□ □□□□□□□□□.

I i

1a **Schreibe mit dem Finger I i.**

1b **Schreibe I i.**

1c **Schreibe I i.**

I i

2a **Schreibe I i und verbinde.**

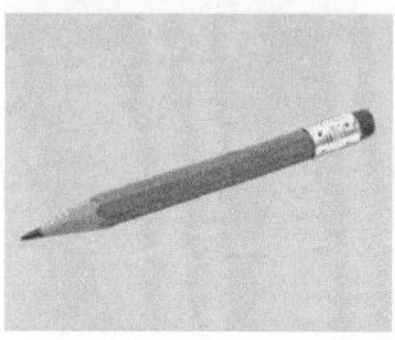

Stift

Brille

Tisch

Information

2b **Schreibe I i.**

Information Stift Brille Tisch

2c **Schreibe I i.**

Br☐lle T☐sch ☐nformat☐on St☐ft

2d **Schreibe I i.**

T.....sch .....nformat.....on St.....ft Br.....lle

3a **Schreibe i.**

Bist du schon fertig?

3b **Schreibe I i.**

Ja. ☐ch b☐n fert☐g.

3c **Schreibe i.**

B.....tte eine Unterschr.....ft.

4a **Schreibe.**

Wo ist die Information?

4b **Schreibe.**

☐☐ ☐☐☐ ☐☐☐ ☐☐☐☐☐☐☐☐☐☐☐?

_ie
i ih

……………………………………………………………

1a **Schreibe mit dem Finger _ie.**

ie ie ie ie

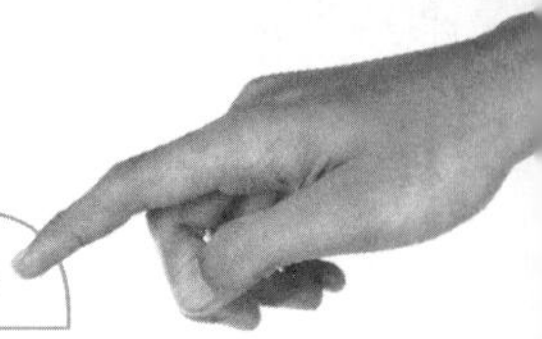

1b **Schreibe _ie i ih.**

ie

ie i ih

ie

ie i ih

1c **Schreibe _ie i ih.**

i e

2a **Schreibe _ie und verbinde.**

sieben

Brief

Liebe

vier

2b Schreibe _ie.

Brief vier sieben Liebe

2c Schreibe _ie.

L□□be s□□ben v□□r Br□□f

2d Schreibe _ie.

v.........r L.........be Br.........f s.........ben

3a Schreibe _ie i.

Können Sie mir helfen?

3b Schreibe _ie.

W□□ l□□st man d□□se Zahl?

3c Schreibe _ie.

D......... Zahl 47 l.........st man s.........benundv.........rzig.

4a Schreibe.

Vielen Dank.

4b Schreibe.

□□□□□□ □□□□.

D d

1a Schreibe mit dem Finger D d.

D d D d d

1b Schreibe D d.

D

d

D

d

1c Schreibe D d.

D d

2a Schreibe D d und verbinde.

Kinder

Dose

drei

Handy

2b **Schreibe D d.**

Handy Kinder drei Dose

2c **Schreibe D d.**

☐ose ☐rei Kin☐er Han☐y

2d **Schreibe D d.**

.....rei Han.....y .....ose Kin.....er

3a **Schreibe d.**

Entschuldigung, darf man hier telefonieren?

3b **Schreibe D d.**

☐u ☐arfst nur ☐raußen telefonieren.

3c **Schreibe d.**

Ich .....anke .....ir.

4a **Schreibe.**

Auf Wiedersehen.

4b **Schreibe.**

☐☐☐ ☐☐☐☐☐☐☐☐☐☐☐.

S s

1a Schreibe mit dem Finger S s.

S s S s S s

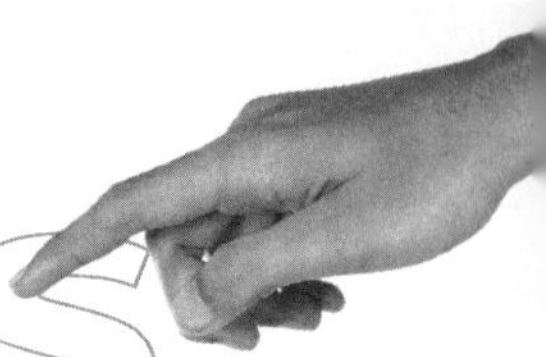

1b Schreibe S s.

S

s

S

s

1c Schreibe S s.

S s

2a Schreibe S s und verbinde.

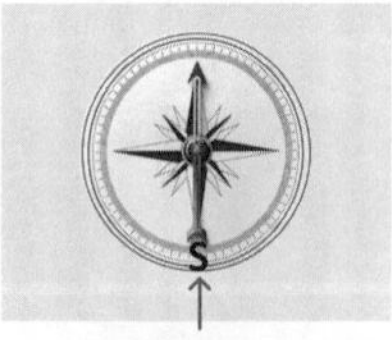

Seite

Insel

Dose

Süden

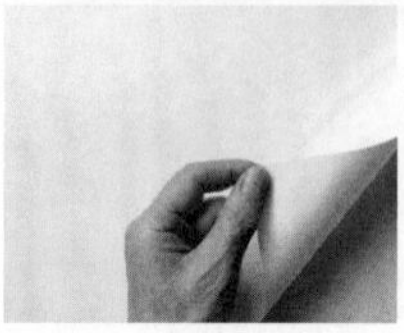

2b **Schreibe S s.**

Insel Seite Süden Dose

2c **Schreibe S s.**

Do☐e ☐üden ☐eite In☐el

2d **Schreibe S s.**

……üden Do……e In……el ……eite

3a **Schreibe s.**

Ich kann das nicht lesen.

3b **Schreibe s.**

Noch einmal lang☐am, bitte.

3c **Schreibe s.**

Kann……t du das lang……am le……en?

4a **Schreibe.**

Wer sind Sie?

4b **Schreibe.**

☐☐☐ ☐☐☐☐ ☐☐☐?

_s ss ß

1a **Schreibe mit dem Finger _s ss ß.**

s ss ß s ß

1b **Schreibe _s ss ß.**

s ss

ß

s ss

ß

1c **Schreibe _s ss ß.**

s ß

2a **Schreibe _s ss ß und verbinde.**

Schlüssel

Haus

Pass

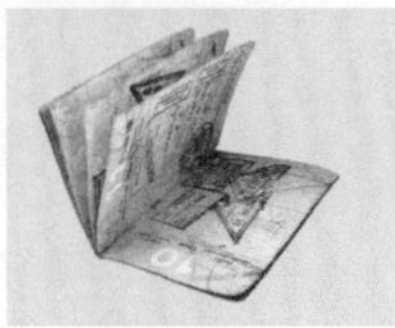

Fuß

2b **Schreibe _s ss ß.**

Haus   Fuß   Schlüssel   Pass

2c **Schreibe _s ss ß.**

Pa☐☐   Schlü☐☐el   Fu☐   Hau☐

2d **Schreibe _s ss ß.**

Fu.....   Pa..........   Hau.....   Schlü..........el

3a **Schreibe ss.**

Ich muss zur Schule.

3b **Schreibe ss.**

Vergi☐☐ den Schlü☐☐el nicht.

3c **Schreibe _s ss.**

Danke. Tschü.........., bi..... bald!

4a **Schreibe.**

Was heißt „Pass“?

4b **Schreibe.**

☐☐☐ ☐☐☐☐☐ „☐☐☐☐“?

E e Ä ä

1a **Schreibe mit dem Finger E e Ä ä.**

E e Ä ä e

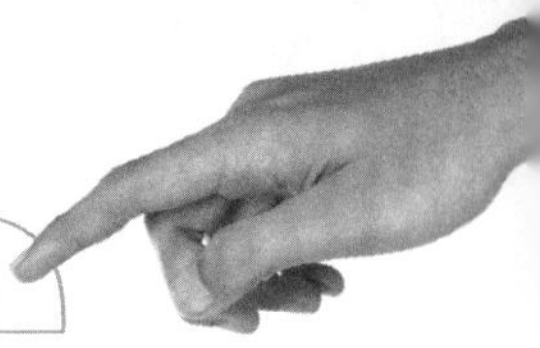

1b **Schreibe E e Ä ä.**

E e

Ä ä

E e

Ä ä

1c **Schreibe E e Ä ä.**

E Ä

2a **Schreibe E e Ä und verbinde.**

Ente

Heft

Äpfel

essen

2b Schreibe E e Ä.

essen Heft Ente Äpfel

2c Schreibe E e Ä.

□ssen □nte □pfel H□ft

2d Schreibe E e Ä.

H......ft ......ssen ......pfel ......nte

3a Schreibe e ä.

Was hätten Sie gerne?

3b Schreibe e Ä ä.

Ich h□tte g□rne □pfel.

3c Schreibe e Ä.

Die g......lben ......pfel sind l......cker.

4a Schreibe.

Ich esse gerne Äpfel.

4b Schreibe.

□□□ □□□□ □□□□□ □□□□□.

E e
eh ee

1a **Schreibe mit dem Finger E e eh ee.**

Ee eh ee

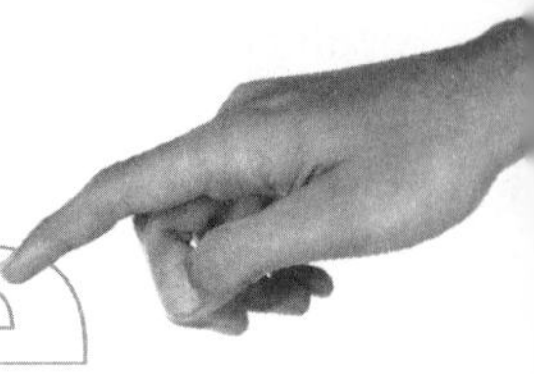

1b **Schreibe E e eh ee.**

E e

eh ee

E e

eh ee

1c **Schreibe E e eh ee.**

E e eh

2a **Schreibe E e eh ee und verbinde.**

Tee

zehn

Paket

Esel

2b **Schreibe E e eh ee.**

zehn Paket Esel Tee

2c **Schreibe E e eh ee.**

Pak☐t ☐sel T☐☐ z☐☐n

2d **Schreibe E e eh ee.**

...sel T...... z......n Pak...t

3a **Schreibe eh.**

Was nehmen Sie?

3b **Schreibe ee.**

T☐☐ oder Kaff☐☐?

3c **Schreibe eh ee.**

Ich n......me einen T...... .

4a **Schreibe.**

Ich nehme einen Kaffee.

4b **Schreibe.**

☐☐☐ ☐☐☐☐☐ ☐☐☐☐☐ ☐☐☐☐☐☐.

Ä ä äh

1a Schreibe mit dem Finger Ä ä.

Ä ä Ä ä ä

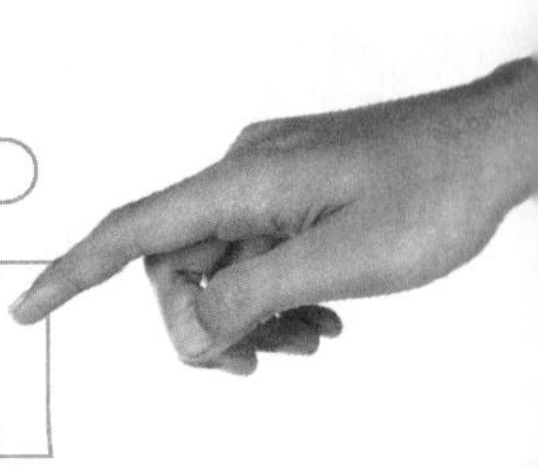

1b Schreibe Ä ä äh.

Ä

ä äh

Ä

ä äh

1c Schreibe Ä ä äh.

Ä ä äh

2a Schreibe ä äh und verbinde.

Käse

zählen

Räder

Mädchen

2b **Schreibe ä äh.**

Mädchen Räder Käse zählen

2c **Schreibe ä äh.**

R__der M__dchen z__ __len K__se

2d **Schreibe ä äh.**

z……len K…se M…dchen R…der

3a **Schreibe ä.**

Der Nächste bitte.

3b **Schreibe ä.**

Ich möchte K__se.

3c **Schreibe ä.**

Welchen K…se möchten Sie?

4a **Schreibe.**

Wie spät ist es?

4b **Schreibe.**

__ __ __ __ __ __ __ __ __ __ __?

L l

1a **Schreibe mit dem Finger L l.**

L l L l L l

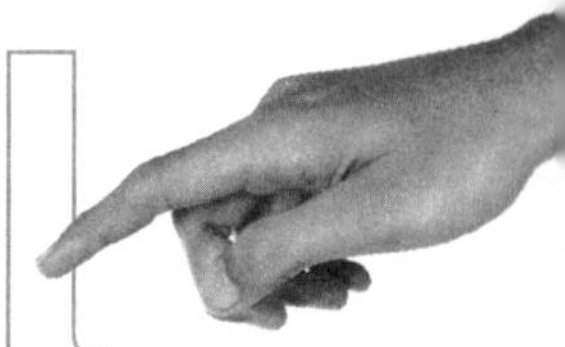

1b **Schreibe L l.**

L

l

L

l

1c **Schreibe L l.**

L l

2a **Schreibe L l ll und verbinde.**

Land

Flasche

Familie

Ball

2b **Schreibe L l ll.**

Fami ie Ba F asche and

2c **Schreibe L l ll.**

Ba☐☐ Fami☐ie ☐and F☐asche

2d **Schreibe L l ll.**

F..... asche ..... and Ba.......... Fami.....ie

3a **Schreibe l.**

Wie ist dein Familienname?

3b **Schreibe l.**

Mein Fami☐ienname ist S☐imani.

3c **Schreibe l.**

Bitte noch einma......

4a **Schreibe.**

Ich kann das nicht lesen.

4b **Schreibe.**

☐☐☐ ☐☐☐☐ ☐☐☐ ☐☐☐☐☐☐ ☐☐☐☐☐.

U u

1a Schreibe mit dem Finger U u.

U u U u u

1b Schreibe U u.

U

u

U

u

1c Schreibe U u.

U u

2a Schreibe U u und verbinde.

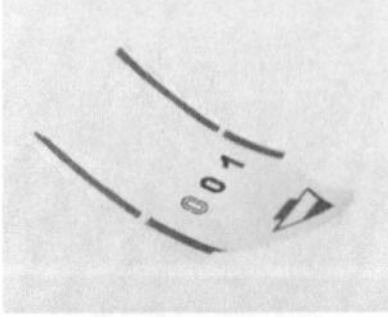

Bus

Junge

Unterricht

Nummer

2b **Schreibe U u.**

Nummer Unterricht Bus Junge

2c **Schreibe U u.**

J□nge B□s N□mmer □nterricht

2d **Schreibe U u.**

...nterricht N...mmer J...nge B...s

3a **Schreibe u.**

Bus Nummer einundzwanzig zum Bahnhof!

3b **Schreibe u.**

Entsch□ldig□ng. Welche N□mmer?

3c **Schreibe u.**

21 – die N...mmer ein...ndzwanzig.

4a **Schreibe.**

Wann beginnt der Unterricht?

4b **Schreibe.**

□□□□ □□□□□□□ □□□
□□□□□□□□□□□?

U u uh

1a **Schreibe mit dem Finger U u uh.**

U u uh uh

1b **Schreibe U u uh.**

U u

Uh uh

U u

Uh uh

1c **Schreibe U u uh.**

U uh

2a **Schreibe U u Uh und verbinde.**

Schule

Buch

U-Bahn

Uhr

2b **Schreibe U u Uh.**

Uhr U-Bahn Buch Schule

2c **Schreibe U u Uh.**

B☐ch ☐☐r Sch☐le ☐-Bahn

2d **Schreibe U u Uh.**

.....-Bahn Sch.....le ....r B.....ch

3a **Schreibe u.**

Guten Tag. Was suchst du?

3b **Schreibe u.**

Ich s☐che die Sch☐le.

3c **Schreibe U.**

Dann nimm die .....-Bahn.

4a **Schreibe.**

Guten Tag!

4b **Schreibe.**

☐☐☐☐☐ ☐☐☐!

M m

1a Schreibe mit dem Finger M m.

M m M m

1b Schreibe M m.

M

m

M

m

1c Schreibe M m.

M m

2a Schreibe M m und verbinde.

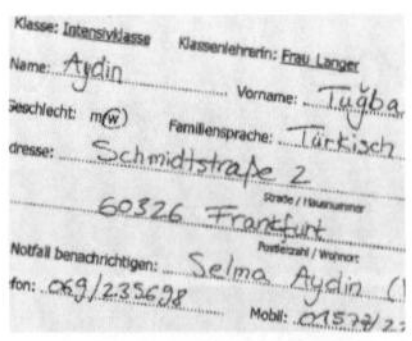

Mann

Morgen

Termin

Formular

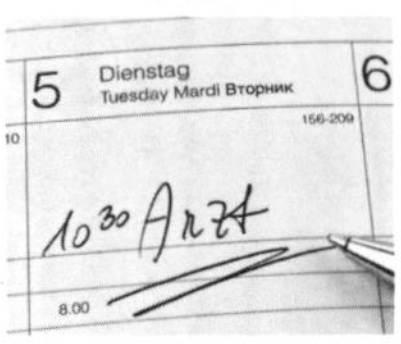

2b **Schreibe M m.**

Formular Mann Morgen Termin

2c **Schreibe M m.**

☐orgen For☐ular ☐ann Ter☐in

2d **Schreibe M m.**

Ter……in For……ular ……orgen ……ann

3a **Schreibe M m.**

Guten Morgen, ich habe einen Termin.

3b **Schreibe M m.**

Einen ☐o☐ent, bitte.

3c **Schreibe m.**

Wie ist Ihr Na……e?

4a **Schreibe.**

Guten Morgen. Mein Name ist …

4b **Schreibe.**

☐☐☐☐☐ ☐☐☐☐☐☐. ☐☐☐☐ ☐☐☐☐ ☐☐☐ …

O o

1a **Schreibe mit dem Finger O o.**

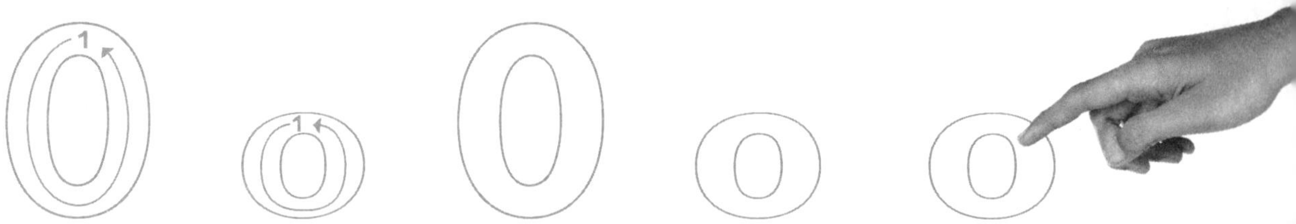

1b **Schreibe O o.**

O

o

O

o

1c **Schreibe O o.**

O o

2a **Schreibe O o und verbinde.**

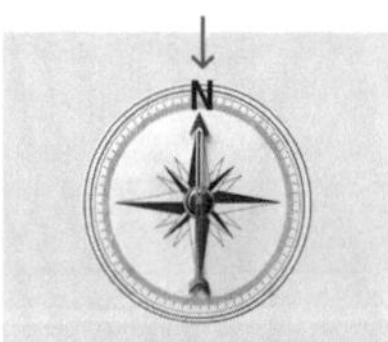

Wort

Post

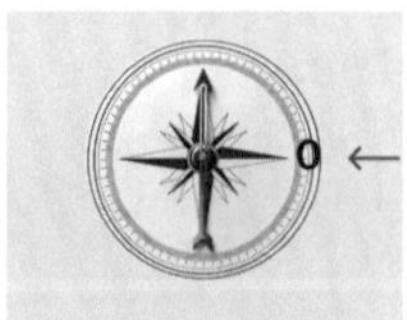

Norden

Osten

2b Schreibe O o.

W o rt   P o st   O sten   N o rden

2c Schreibe O o.

☐ sten   N☐rden   P☐st   W☐rt

2d Schreibe O o.

P…st   W…rt   N…rden   …sten

3a Schreibe o.

Ich komme aus Rostock.

3b Schreibe O.

Wie heißt der ☐rt?

3c Schreibe o.

R…st…ck. Das ist im N…rd…sten v…n Deutschland.

4a Schreibe.

Hallo, Post für Sie.

4b Schreibe.

☐☐☐☐☐, ☐☐☐☐ ☐☐☐ ☐☐☐.

O o
oh oo

1a **Schreibe mit dem Finger O o oh.**

O o oh O

1b **Schreibe O o Oh oh.**

O o

Oh oh

O o

Oh oh

1c **Schreibe O o oh oo.**

O

o h

2a **Schreibe o Oh oh und verbinde.**

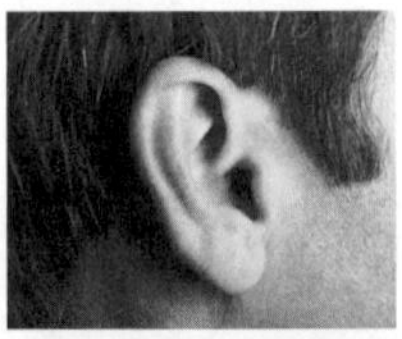

wohnen

Foto

Brot

Ohr

2b **Schreibe o Oh oh.**

Brot Ohr wohnen Foto

2c **Schreibe o Oh oh.**

F□to Br□t □□r w□□nen

2d **Schreibe o Oh oh.**

.........r w.........nen F.....to Br.....t

3a **Schreibe o oh.**

Wo wohnst du?

3b **Schreibe o oh.**

Ich w□□ne in der B□chumer Straße.

3c **Schreibe o.**

W..... ist das?

4a **Schreibe.**

Wo ist der Bahnhof?

4b **Schreibe.**

□□ □□□ □□□ □□□□□□□?

Ff Vv

1a **Schreibe mit dem Finger F f V v.**

F f V v F f

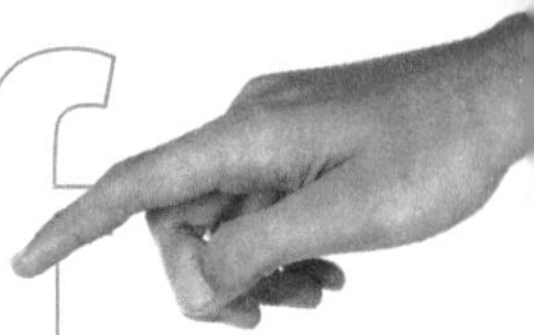

1b **Schreibe F f V v.**

F f

V v

F f

V v

1c **Schreibe F f V v.**

F f V v

2a **Schreibe F f ff V und verbinde.**

Kaffee

Frau

Vogel

Telefon

2b **Schreibe F f ff V.**

Vogel Kaffee Frau Telefon

2c **Schreibe F f ff V.**

☐rau ☐ogel Tele☐on Ka☐☐ee

2d **Schreibe F f ff V.**

…ogel Ka……ee Tele…on …rau

3a **Schreibe f.**

Kann ich Ihnen helfen?

3b **Schreibe F f.**

Ich habe eine ☐rage: Wo ☐inde ich Sti☐te?

3c **Schreibe f v.**

Die Sti…te sind …orne neben den He…ten.

4a **Schreibe.**

Vielen Dank.

4b **Schreibe.**

☐☐☐☐☐☐ ☐☐☐☐.

W w V v

1a Schreibe mit dem Finger W w V v.

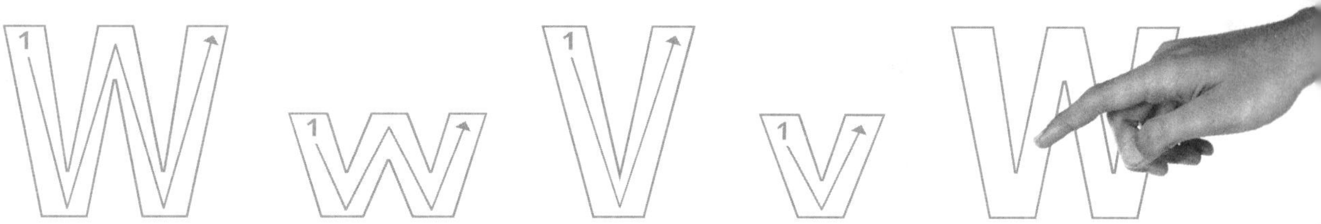

1b Schreibe W w V v.

Ww

Vv

Ww

Vv

1c Schreibe W w V v.

W w V v

2a Schreibe W V v und verbinde.

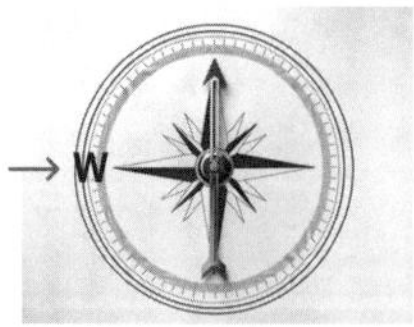

Westen

Wasser

Vase

Olive

2b Schreibe W V v.

Vase Wasser Westen Olive

2c Schreibe W V v.

Oli□e □esten □asser □ase

2d Schreibe W V v.

......asser Oli......e ......ase ......esten

3a Schreibe W w.

Wo wohnt ihr?

3b Schreibe W w.

□ir □ohnen in der □eststraße.

3c Schreibe W v.

......ie schreibt man „Oli......e"?

4a Schreibe.

Können Sie das wiederholen?

4b Schreibe.

□□□□□□ □□□ □□□

□□□□□□□□□□□?

Ei ei

1a **Schreibe mit dem Finger Ei ei.**

Ei ei Ei ei

1b **Schreibe Ei ei.**

Ei

ei

Ei

ei

1c **Schreibe Ei ei.**

Ei

2a **Schreibe Ei ei und verbinde.**

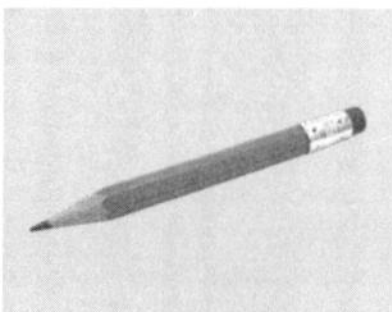

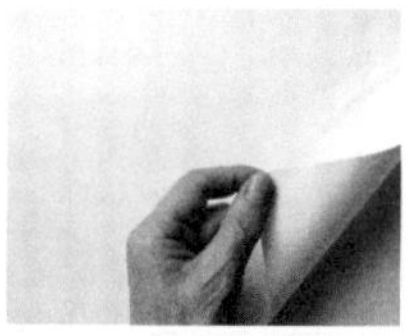

Ei

Seite

Bleistift

Postleitzahl

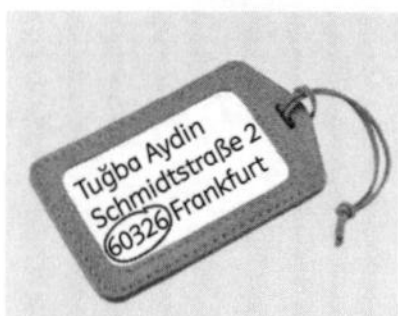

2b **Schreibe Ei ei.**

Bleistift   Ei   Postleitzahl   Seite

2c **Schreibe Ei ei.**

S□□te   Postl□□tzahl   □□   Bl□□stift

2d **Schreibe Ei ei.**

Postl……tzahl   Bl……stift   S……te   ……

3a **Schreibe ei.**

Ist das deine Lehrerin?

3b **Schreibe ei.**

N□□n, das ist k□□ne Lehrerin.

3c **Schreibe ei.**

Wer ist d……ne Lehrerin?

4a **Schreibe.**

Hast du einen Bleistift?

4b **Schreibe.**

□□□□ □□ □□□□□ □□□□□□□□□?

G g

1a **Schreibe mit dem Finger G g.**

G g G g g

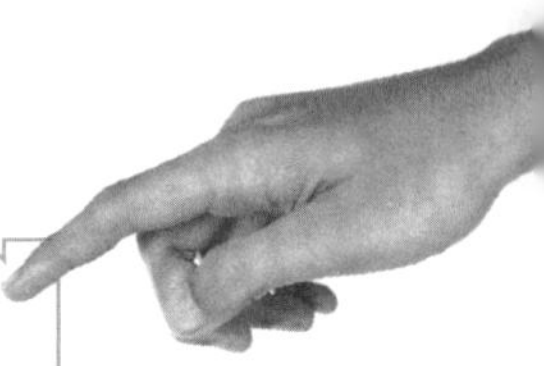

1b **Schreibe G g.**

G

g

G

g

1c **Schreibe G g.**

G g

2a **Schreibe G g gg und verbinde.**

Geld

Auge

joggen

Geburtstag

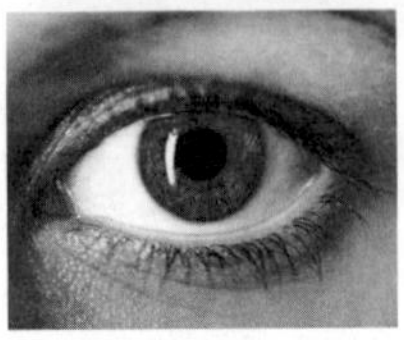

2b **Schreibe G g gg.**

Geburtstag Auge joggen Geld

2c **Schreibe G g gg.**

Au□e □eld □eburtstag jo□□en

2d **Schreibe G g gg.**

jo……en ……eburtstag ……eld Au……e

3a **Schreibe G g.**

Guten Morgen. Wie geht es dir?

3b **Schreibe g.**

Danke □ut. Und wie □eht es Ihnen?

3c **Schreibe g.**

Mir ……eht es auch ……anz ……ut.

4a **Schreibe.**

Hallo. Wie geht es dir?

4b **Schreibe.**

□□□□□. □□□ □□□□ □□ □□□?

K k
C ck

1a **Schreibe mit dem Finger K k C ck.**

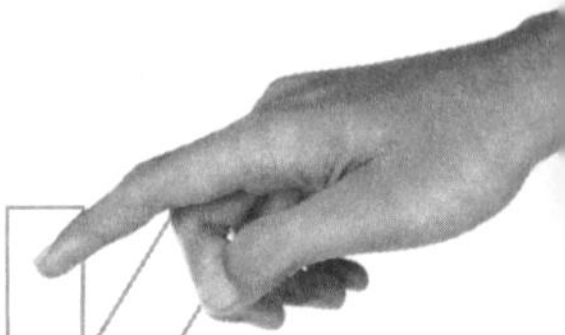

K k C ck K

1b **Schreibe K k C ck.**

K k

C ck

K k

C ck

1c **Schreibe K k C ck.**

K k C c k

2a **Schreibe K k C ck und verbinde.**

Computer

Zucker

trinken

Kaffee

2b **Schreibe K k C ck.**

trinken Zucker Kaffee Computer

2c **Schreibe K k C ck.**

□affee trin□en □omputer Zu□□er

2d **Schreibe K k C ck.**

Zu……er ……omputer trin……en ……affee

3a **Schreibe k.**

Was möchten Sie trinken?

3b **Schreibe k C.**

Ich trin□e eine □ola.

3c **Schreibe K k ck.**

Ich trin……e einen ……affee mit Zu……er.

4a **Schreibe.**

Willkommen in Frankfurt!

4b **Schreibe.**

□□□□□□□□□□ □□
□□□□□□□□□!

B b

1a Schreibe mit dem Finger B b.

1b Schreibe B b.

B

b

B

b

1c Schreibe B b.

B b

2a Schreibe B b und verbinde.

Banane

Brille

buchstabieren

verbinden

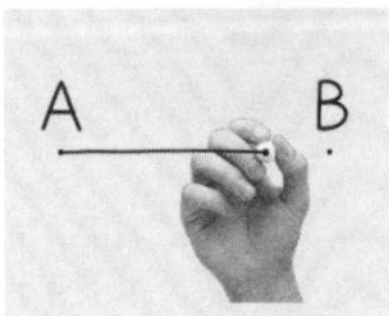

2b **Schreibe B b.**

verbinden   buchstabieren   Brille   Banane

2c **Schreibe B b.**

☐uchsta☐ieren   ver☐inden   ☐anane   ☐rille

2d **Schreibe B b.**

.....rille   .....anane   ver.....inden   .....uchsta.....ieren

3a **Schreibe b.**

Wo lebst du?

3b **Schreibe B b.**

Ich le☐e in ☐raunschweig.

3c **Schreibe b.**

Kannst du das .....itte .....uchsta.....ieren?

4a **Schreibe.**

Wann hast du Geburtstag?

4b **Schreibe.**

☐☐☐☐ ☐☐☐☐ ☐☐

☐☐☐☐☐☐☐☐☐☐?

P p

1a **Schreibe mit dem Finger P p.**

P p P p p

1b **Schreibe P p.**

P

p

P

p

1c **Schreibe P p.**

P p

2a **Schreibe P p und verbinde.**

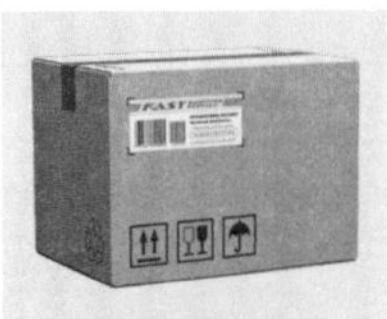

Post

Pass

Papier

Paket

2b **Schreibe P p.**

Paket Pass Post Papier

2c **Schreibe P p.**

☐a☐ier ☐aket ☐ass ☐ost

2d **Schreibe P p.**

.....ass .....ost .....aket .....a.....ier

3a **Schreibe P.**

Was heißt PLZ?

3b **Schreibe P.**

☐LZ heißt ☐ostleitzahl.

3c **Schreibe P.**

Wie ist deine .....ostleitzahl?

4a **Schreibe.**

Wo ist die Post?

4b **Schreibe.**

☐☐ ☐☐☐ ☐☐☐ ☐☐☐☐?

Sch
sch

1a **Schreibe mit dem Finger Sch sch.**

Sch sch sch

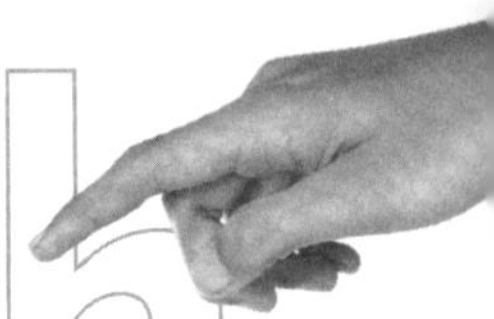

1b **Schreibe Sch sch.**

Sch

sch

Sch

sch

1c **Schreibe Sch sch.**

S c h

2a **Schreibe Sch sch und verbinde.**

Schlüssel

Tasche

Tisch

Schule

2b **Schreibe Sch sch.**

Schule Tisch Schlüssel Tasche

2c **Schreibe Sch sch.**

Ta□□□e □□□ule Ti□□□ □□□lüssel

2d **Schreibe Sch sch.**

Ti……… ………lüssel Ta………e ………ule

3a **Schreibe sch.**

Entschuldigung, wo muss ich unterschreiben?

3b **Schreibe sch.**

Unter□□□reibe bitte hier.

3c **Schreibe Sch.**

………reibe bitte deinen Vor- und Nachnamen.

4a **Schreibe.**

Entschuldigung, wo ist die Schule?

4b **Schreibe.**

□□□□□□□□□□□□□□, □□ □□□
□□□ □□□□□□?

Sp sp

1a **Schreibe mit dem Finger Sp sp.**

Sp sp Sp sp

1b **Schreibe Sp sp.**

Sp

sp

Sp

sp

1c **Schreibe Sp sp.**

S p

2a **Schreibe Sp sp und verbinde.**

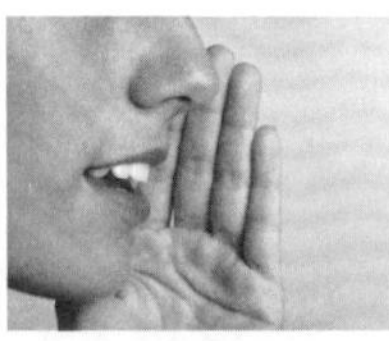

sprechen

spielen

Spanisch

Sport

2b **Schreibe Sp sp.**

Spanisch Sport sprechen spielen

2c **Schreibe Sp sp.**

☐☐ielen ☐☐anisch ☐☐ort ☐☐rechen

2d **Schreibe Sp sp.**

........ort ....rechen ....ielen ....anisch

3a **Schreibe Sp.**

Machst du Sport?

3b **Schreibe sp.**

Ich ☐☐iele Fußball.

3c **Schreibe Sp.**

Das macht ....aß.

4a **Schreibe.**

Spielst du gern Fußball?

4b **Schreibe.**

☐☐☐☐☐☐☐ ☐☐ ☐☐☐☐
☐☐☐☐☐☐☐?

St st

1a **Schreibe mit dem Finger St st.**

St st St st

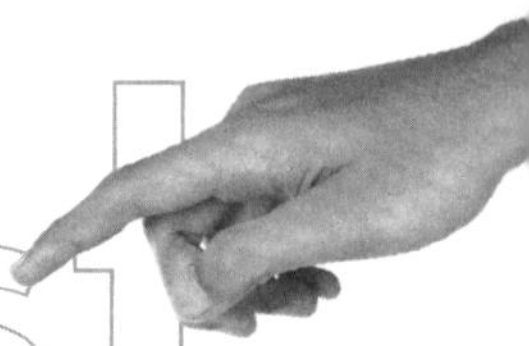

1b **Schreibe St st.**

St

st

St

st

1c **Schreibe St st.**

S t

2a **Schreibe St st und verbinde.**

Straße

Stadt

Bleistift

Buchstaben

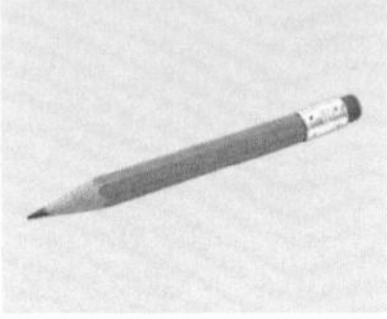

2b **Schreibe St st.**

Buchstaben Straße Stadt Bleistift

2c **Schreibe St st.**

☐☐adt Blei☐☐ift Buch☐☐aben ☐☐raße

2d **Schreibe St st.**

Blei......ift ......adt ......raße Buch......aben

3a **Schreibe st.**

Entschuldigung, ich suche die Maxstraße.

3b **Schreibe St st.**

Welche ☐☐raße? Das ver☐☐ehe ich nicht.

3c **Schreibe st.**

Können Sie das buch......abieren?

4a **Schreibe.**

Das verstehe ich nicht.

4b **Schreibe.**

☐☐☐ ☐☐☐☐☐☐☐☐ ☐☐☐ ☐☐☐☐☐.

Au au

1a **Schreibe mit dem Finger Au au.**

Au au Au

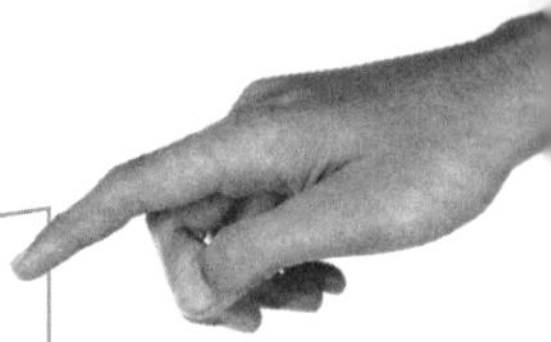

1b **Schreibe Au au.**

Au

au

Au

au

1c **Schreibe Au au.**

A u

2a **Schreibe Au au und verbinde.**

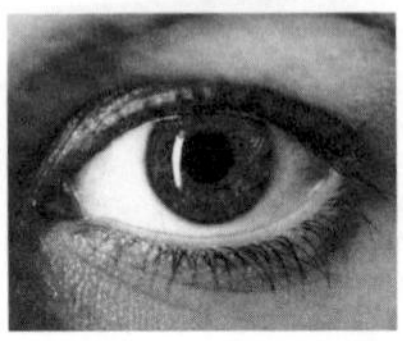

Auto

Frau

Haus

Auge

2b **Schreibe Au au.**

Auge Haus Auto Frau

2c **Schreibe Au au.**

Fr☐☐ ☐☐ge H☐☐s ☐☐to

2d **Schreibe Au au.**

H........s ....to Fr........ ....ge

3a **Schreibe au.**

Ich komme aus Marokko.

3b **Schreibe au.**

Wie ist deine H☐☐snummer?

3c **Schreibe Au.**

........f Wiedersehen.

4a **Schreibe.**

Können Sie bitte lauter sprechen?

4b **Schreibe.**

☐☐☐☐☐☐ ☐☐☐ ☐☐☐☐☐ ☐☐☐☐☐☐
☐☐☐☐☐☐☐☐?

Ch ch
_ig

1a Schreibe mit dem Finger Ch ch.

Ch ch Ch

1b Schreibe Ch ch _ig.

Ch

ch

Ch ch

ig

1c Schreibe Ch ch _ig.

Ch

2a Schreibe ch _ig und verbinde.

ich

Milch

Brötchen

sechzig

2b **Schreibe ch _ig.**

Milch   Brötchen   ich   sechzig

2c **Schreibe ch _ig.**

i☐☐   se☐☐z☐☐   Mil☐☐   Bröt☐☐en

2d **Schreibe ch _ig.**

Bröt……en   i……   se……z……   Mil……

3a **Schreibe ch.**

Was möchtest du?

3b **Schreibe ch.**

Ich mö☐☐te vier Bröt☐☐en, bitte.

3c **Schreibe ch.**

Wel……e Bröt……en mö……test du?

4a **Schreibe.**

Ich spreche ein bisschen Deutsch.

4b **Schreibe.**

☐☐☐ ☐☐☐☐☐☐☐ ☐☐☐ ☐☐☐☐☐☐☐☐ ☐☐☐☐☐☐☐.

_ch

1a **Schreibe mit dem Finger _ch.**

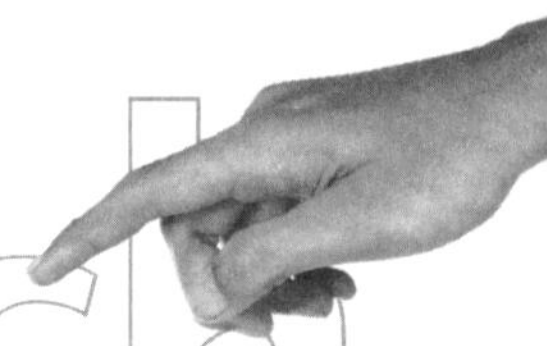

ch ch ch ch

1b **Schreibe _ch ach och uch.**

ch

ach

och

uch

1c **Schreibe _ch.**

c h

2a **Schreibe _ch und verbinde.**

Nacht

acht

Buch

Taschentuch

2b **Schreibe _ch.**

acht Buch Taschentuch Nacht

2c **Schreibe _ch.**

Taschentu□□ Na□□t a□□t Bu□□

2d **Schreibe _ch.**

Bu…… Taschentu…… Na……t a……t

3a **Schreibe _ch.**

Entschuldigung, hast du ein Taschentuch?

3b **Schreibe _ch.**

Ich brau□□e au□□ ein Taschentu□□.

3c **Schreibe _ch.**

Haben Sie ein Wörterbu……?

4a **Schreibe.**

Was muss ich hier machen?

4b **Schreibe.**

□□□ □□□□ □□□ □□□□
□□□□□□?

H h

1a **Schreibe mit dem Finger H h.**

H h H h h

1b **Schreibe H h.**

H

h

H

h

1c **Schreibe H h.**

H h

2a **Schreibe H h und verbinde.**

Heft

Handy

Haus

Sporthalle

2b **Schreibe H h.**

Sporthalle Haus Handy Heft

2c **Schreibe H h.**

□aus Sport□alle □eft □andy

2d **Schreibe H h.**

......andy ......eft Sport......alle ......aus

3a **Schreibe H.**

Hast du eine Handynummer?

3b **Schreibe h.**

Wo□er kommst du?

3c **Schreibe h.**

Kannst du das bitte wieder......olen?

4a **Schreibe.**

Hallo, können Sie mir helfen?

4b **Schreibe.**

□□□□□, □□□□□□ □□□ □□□
□□□□□□?

ü y

1a **Schreibe mit dem Finger ü y.**

ü y ü y y

1b **Schreibe ü y.**

ü

y

ü

y

1c **Schreibe ü y.**

ü y

2a **Schreibe ü y und verbinde.**

Schlüssel

Müll

Ägypten

Türkei

2b **Schreibe ü y.**

Ägypten Türkei Müll Schlüssel

2c **Schreibe ü y.**

T□rkei M□ll Schl□ssel Äg□pten

2d **Schreibe ü y.**

M……ll Äg……pten T……rkei Schl……ssel

3a **Schreibe ü.**

Dürfen wir reinkommen?

3b **Schreibe ü.**

Nein, ihr d□rft noch nicht reinkommen.

3c **Schreibe ü.**

Wir m……ssen warten.

4a **Schreibe.**

Müssen wir hier warten?

4b **Schreibe.**

□□□□□□ □□□ □□□□ □□□□□□?

Ü ü
üh y

1a **Schreibe mit dem Finger Ü ü üh y.**

Ü ü üh y Ü

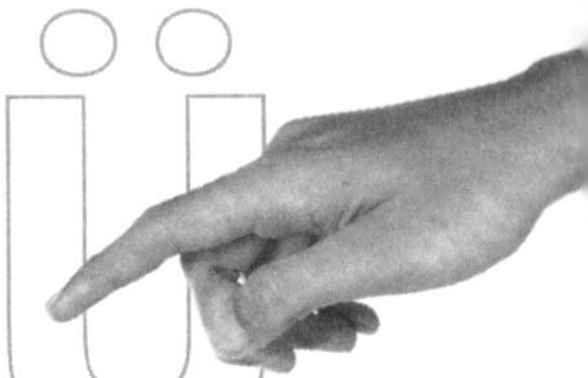

1b **Schreibe Ü ü üh y.**

Ü ü y

Üh üh

Ü ü y

Üh üh

1c **Schreibe Ü ü üh y.**

U

2a **Schreibe Ü ü und verbinde.**

Bücher

Tür

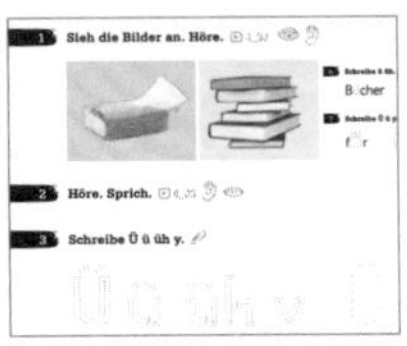

Übung

Taschentücher

2b **Schreibe Ü ü.**

Übung Bücher Tür Taschentücher

2c **Schreibe Ü ü.**

Taschent□cher □bung B□cher T□r

2d **Schreibe Ü ü.**

T.....r .....bung Taschent.....cher B.....cher

3a **Schreibe y.**

Kommst du aus Syrien?

3b **Schreibe ü y.**

Ja, aus dem S□den von S□rien.

3c **Schreibe Ü.**

Ich verstehe die .....bung nicht.

4a **Schreibe.**

Kannst du das für mich
übersetzen?

4b **Schreibe.**

□□□□□□ □□ □□□ □□□ □□□□
□□□□□□□□□□?

Eu eu
Äu äu

1a Schreibe mit dem Finger Eu eu äu.

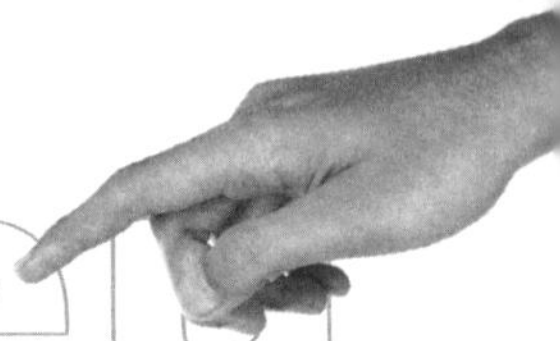

Eu eu äu eu

1b Schreibe Eu eu Äu äu.

Eu eu

Äu äu

Eu eu

Äu äu

1c Schreibe Eu eu Äu äu.

E u

2a Schreibe Eu eu äu und verbinde.

Europa

Freunde

Häuser

Euro

2b **Schreibe Eu eu äu.**

Euro Europa Freunde Häuser

2c **Schreibe Eu eu äu.**

Fr□□nde H□̈□ser □□ro □□ropa

2d **Schreibe Eu eu äu.**

H.........ser ....ro ....ropa Fr.........nde

3a **Schreibe eu.**

Das ist mein Freund.

3b **Schreibe eu.**

Fr□□t mich.

3c **Schreibe eu.**

Bist du n......... in D.........tschland?

4a **Schreibe.**

Kreuze bitte hier an.

4b **Schreibe.**

□□□□□□ □□□□□ □□□□ □□.

Jj Yy

1a **Schreibe mit dem Finger J j Y y.**

J j Y y J j Y

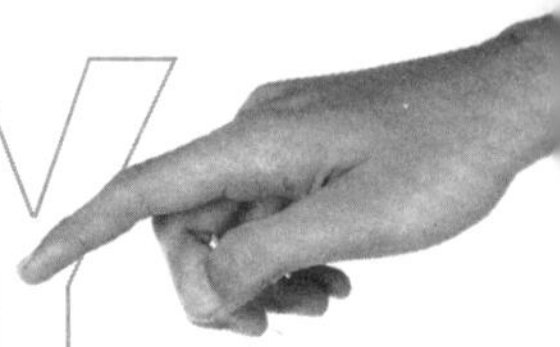

1b **Schreibe J j Y y.**

Jj

Yy

Jj

Yy

1c **Schreibe J j Y y.**

J j

Y y

2a **Schreibe J Y und verbinde.**

Joghurt

Yoga

Jacke

Junge

2b **Schreibe J Y.**

Junge Jacke Yoga Joghurt

2c **Schreibe J Y.**

☐acke ☐oghurt ☐unge ☐oga

2d **Schreibe J Y.**

.....oga .....unge .....oghurt .....acke

3a **Schreibe Y.**

Entschuldigung, wie schreibt man Yoga?

3b **Schreibe J Y.**

☐oga schreibt man mit Ypsilon. Man spricht ☐ot.

3c **Schreibe J.**

.....anuar, ...uni und .....uli schreibt man mit .....ot.

4a **Schreibe.**

Entschuldigung, ist das deine Jacke?

4b **Schreibe.**

☐☐☐☐☐☐☐☐☐☐☐☐☐☐, ☐☐☐ ☐☐☐ ☐☐☐☐☐ ☐☐☐☐☐?

Z z

1a **Schreibe mit dem Finger Z z.**

Z z Z z Z z

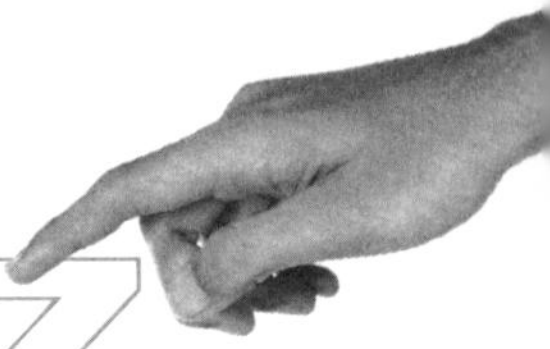

1b **Schreibe Z z tz ts.**

Z z

tz ts

Z z

tz ts

1c **Schreibe Z z tz ts.**

Z z t z t s

2a **Schreibe Z z und verbinde.**

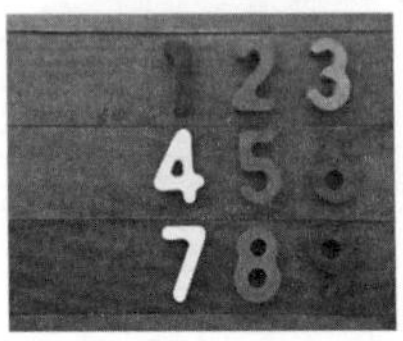

Zucker

Salz

Französisch

Zahlen

2b **Schreibe Z z.**

Zahlen Zucker Salz Französisch

2c **Schreibe Z z.**

□ahlen Fran□ösisch □ucker Sal□

2d **Schreibe Z z.**

Sal...... ......ahlen Fran......ösisch ......ucker

3a **Schreibe Z z.**

Entschuldigung, wo ist Zimmer zweiundzwanzig?

3b **Schreibe z.**

Das ist im □weiten Stock.

3c **Schreibe Z z ts.**

......immer ......weiund......wan......ig ist da vorne rech............ .

4a **Schreibe.**

Wie ist deine Postleitzahl?

4b **Schreibe.**

□□□ □□□ □□□□□
□□□□□□□□□□□□?

Ö ö

1a **Schreibe mit dem Finger Ö ö.**

1b **Schreibe Ö ö.**

Ö ö Ö ö

1c **Schreibe Ö ö.**

Ö ö

2a **Schreibe ö und verbinde.**

Wörterbuch

öffnen

zwölf

Löffel

2b **Schreibe ö.**

Löffel zwölf Wörterbuch öffnen

2c **Schreibe ö.**

_ffnen W_rterbuch L_ffel zw_lf

2d **Schreibe ö.**

zw...lf L...ffel ...ffnen W...rterbuch

3a **Schreibe ö.**

Entschuldigung, wie schreibt man „öffnen“?

3b **Schreibe ö.**

Das k_nnt ihr im W_rterbuch nachschlagen.

3c **Schreibe ö.**

Hier sind die W...rterbücher.

4a **Schreibe.**

Ich möchte bitte ein Wörterbuch.

4b **Schreibe.**

___ _______ _____ ___

__________.

Ö ö öh

1a **Schreibe mit dem Finger Ö ö öh.**

1b **Schreibe Ö ö öh.**

Ö ö

öh

Ö ö

öh

1c **Schreibe Ö ö öh.**

Ö

2a **Schreibe Ö ö und verbinde.**

Brötchen

Österreich

Öl

Möbel

2b **Schreibe Ö ö.**

Möbel   Öl   Brötchen   Österreich

2c **Schreibe Ö ö.**

☐l   Br☐tchen   ☐sterreich   M☐bel

2d **Schreibe Ö ö.**

.....sterreich   M.....bel   Br.....tchen l

3a **Schreibe öh.**

Ich habe zwei Söhne.

3b **Schreibe Ö.**

Sie leben in ☐sterreich.

3c **Schreibe ö.**

Wie sch.....n.

4a **Schreibe.**

Wie löst man diese Aufgabe?

4b **Schreibe.**

☐☐☐ ☐☐☐☐ ☐☐☐ ☐☐☐☐☐
☐☐☐☐☐☐☐?

Xx

1a **Schreibe mit dem Finger X x.**

X x X x x

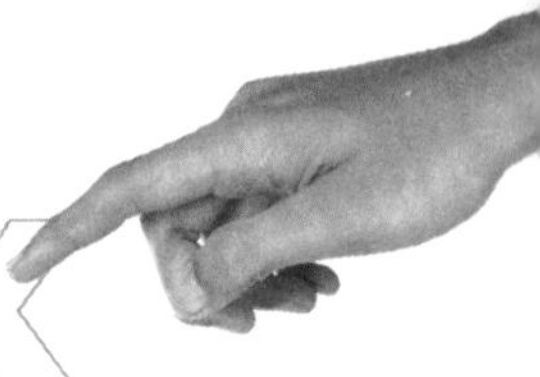

1b **Schreibe X x chs gs ks.**

Xx

chs gs ks

Xx

chs gs ks

1c **Schreibe X x chs gs ks.**

X

2a **Schreibe x chs ks und verbinde.**

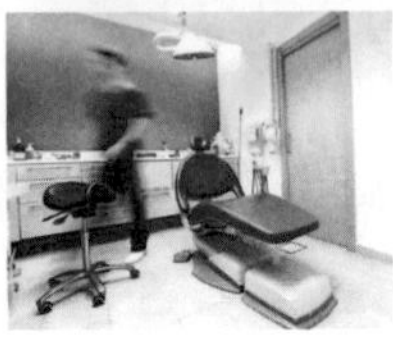

Taxi

sechs

Praxis

links

2b **Schreibe x chs ks.**

sechs Praxis links Taxi

2c **Schreibe x chs ks.**

Pra☐is lin☐☐ Ta☐i se☐☐☐

2d **Schreibe x chs ks.**

lin...... Ta...i se...... Pra...is

3a **Schreibe x.**

Guten Tag, ich möchte zur Arztpraxis.

3b **Schreibe x.**

Die Pra☐is ist in der Ma☐straße.

3c **Schreibe chs.**

Das macht se...... Euro.

4a **Schreibe.**

Können Sie Geld wechseln?

4b **Schreibe.**

☐☐☐☐☐☐ ☐☐☐ ☐☐☐☐
☐☐☐☐☐☐☐☐?

Qu qu

1a Schreibe mit dem Finger Qu qu.

Qu qu Qu

1b Schreibe Qu qu.

Qu

qu

Qu

qu

1c Schreibe Qu qu.

Q u

2a Schreibe Qu qu und verbinde.

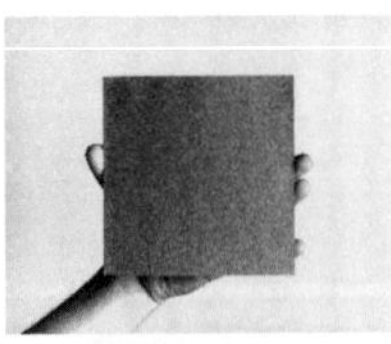

Quadrat

Quark

Aquarium

Quittung

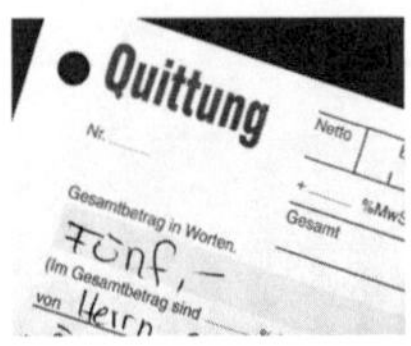

2b **Schreibe Qu qu.**

Aquarium Quadrat Quittung Quark

2c **Schreibe Qu qu.**

☐☐ark ☐☐ittung ☐☐adrat A☐☐arium

2d **Schreibe Qu qu.**

.........ittung A.........arium ....ark ....adrat

3a **Schreibe Qu.**

Wie viele Quadratmeter hat die Wohnung?

3b **Schreibe Qu.**

Meine Wohnung hat 50 ☐☐adratmeter.

3c **Schreibe Qu.**

Können Sie mir eine ....ittung geben?

4a **Schreibe.**

Der Sessel ist sehr bequem.

4b **Schreibe.**

☐☐☐ ☐☐☐☐☐☐ ☐☐☐ ☐☐☐☐
☐☐☐☐☐☐.

_ng
_nk

✎ ....

1a **Schreibe mit dem Finger _ng _nk.**

ng nk ng

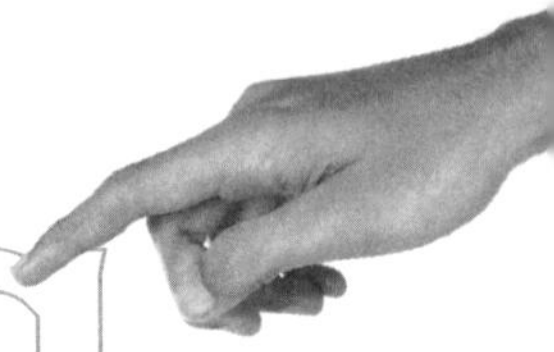

1b **Schreibe _ng _nk.**

ng
nk
ng
nk

1c **Schreibe _ng _nk.**

ng ☐☐ ☐☐ ☐☐   nk ☐☐ ☐☐ ☐☐

2a **Schreibe _ng _nk und verbinde.**

Ring
Zeitungen
Bank
trinken

2b **Schreibe _ng _nk.**

Ring Zeitungen trinken Bank

2c **Schreibe _ng _nk.**

Zeitu□□en Ri□□ tri□□en Ba□□

2d **Schreibe _ng _nk.**

Zeitu.........en Ri.......... Ba.......... tri..........en

3a **Schreibe _ng.**

Entschuldigung, welche Übung machen wir?

3b **Schreibe _ng.**

Können Sie bitte la□□samer sprechen?

3c **Schreibe _nk.**

Vielen Da..........

4a **Schreibe.**

Wo ist die nächste Bank?

4b **Schreibe.**

□□ □□□ □□□ □□□□□□□ □□□□?

_er _r

1a Schreibe mit dem Finger _er _r.

er r er r

1b Schreibe _er _r.

er

r

er

r

1c Schreibe _er _r.

er r

2a Schreibe _er _r und verbinde.

Mutter

Vater

Uhr

Ohr

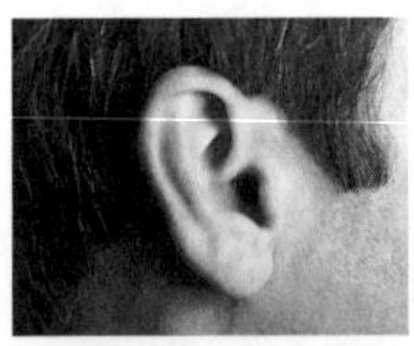

2b **Schreibe _er _r.**

Vater Mutter Ohr Uhr

2c **Schreibe _er _r.**

Uh□ Oh□ Mutt□□ Vat□□

2d **Schreibe _er _r.**

Vat........ Uh.... Oh.... Mutt........

3a **Schreibe _er _r.**

Unterschreibe bitte hier.

3b **Schreibe _er _r.**

Hat die Wohnung zwei od□□ vie□ Zimm□□?

3c **Schreibe _er.**

In der Klasse sind 18 Schül........innen und Schül........ .

4a **Schreibe.**

Wie viel Uhr ist es?

4b **Schreibe.**

□□□ □□□□ □□□ □□□ □□?

Pf pf

1a **Schreibe mit dem Finger Pf pf.**

Pf pf Pf pf

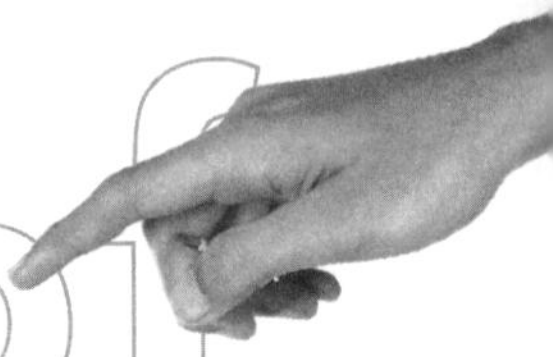

1b **Schreibe Pf pf.**

Pf

pf

Pf

pf

1c **Schreibe Pf pf.**

P f

2a **Schreibe Pf pf und verbinde.**

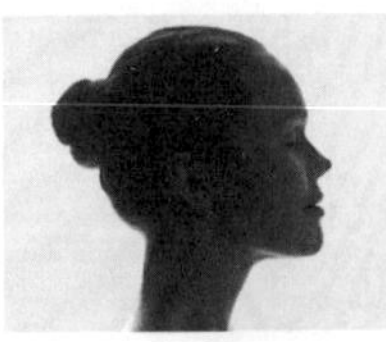

Kopf

Topf

Pfeffer

Schnupfen

2b **Schreibe Pf pf.**

Schnupfen Pfeffer Kopf Topf

2c **Schreibe Pf pf.**

To□□ Ko□□ Schnu□□en □□effer

2d **Schreibe Pf pf.**

........effer Schnu........en To........ Ko........

3a **Schreibe pf.**

Klopfe bitte den Rhythmus.

3b **Schreibe pf.**

Bitte anklo□□en!

3c **Schreibe pf.**

Ich trinke gerne A........elsaft.

4a **Schreibe.**

Ich bin krank, ich habe Schnupfen.

4b **Schreibe.**

□□□ □□□ □□□□□, □□□ □□□□ □□□□□□□□□.

Bildquellen

Deutsche Post AG **040.3, 056.2**; Fotolia, New York: **060.3** (photolars); Fotolia.com, New York: **026.4, 070.1** (Björn Wylezich); **080.1** (photolars); Getty Images, München: **004.2** (asiseeit); **006.3, 006.4, 060.1** (4FR); **008.1, 008.2** (mustafagull); **014.1** (LightFieldStudios); **014.2** (Wega52); iStockphoto, Calgary, Alberta: **004.1** (amphotora); **006.1, 038.1** (alvarez); **006.2, 094.4** (PeopleImages); **008.3, 008.4** (Uniyok); **010.2** (mrPliskins); **010.4** (hohl); **012.3, 062.1** (Tuayai); **016.2** (marcoscisetti); **016.4** (simonkr); **018.4** (absolutimages); **020.3** (FatCamera); **022.1, 040.1, 040.2, 046.1** (MicroStockHub); **022.3, 078.1** (chictype); **022.4, 048.2** (kyoshino); **024.4, 056.3** (davincidig); **026.1** (Dmitriy Galaganov); **026.2** (webphotographeer); **026.3** (OLEKSANDR PEREPELYTSIA); **028.1, 056.1** (scanrail); **028.3** (gehringj); **030.1** (Lorado); **030.2** (BlackJack3D); **032.1** (akinbostanci); **032.3** (timsa); **032.4** (Jirsak); **034.1** (boschettophotography); **034.2** (DarthArt); **036.1** (tupungato); **036.3, 092.3** (malerapaso); **038.4** (eggeeggjiew); **042.3** (1MoreCreative); **042.4** (catscandotcom); **046.2** (Xesai); **046.4** (mashuk); **048.3** (AnthiaCumming); **052.4, 090.3** (laflor); **062.4** (kutaytanir); **064.1** (HRAUN); **064.4** (JazzIRT); **072.3** (niyok); **082.2** (digitalhallway); **082.3** (SensorSpot); **082.4** (MarioGuti); **084.3** (asbe); **086.2** (hanibaram); **086.3** (Alija); **088.3** (mehmettorlak); **090.1** (OlafSpeier); **090.2** (bluestocking); **092.1** (Aldo Murillo); **092.4** (aldomurillo); Klett-Archiv, Stuttgart: **082.1** (Andreas Kunz); Shutterstock, New York: **010.1, 048.4** (Charcompix); **012.2, 080.2** (ChameleonsEye); **012.4** (Millenius); **018.3** (Albertiniz); **020.4** (Ira1609); **024.2, 064.2** (Detailfoto); **030.3** (All-stock-photos); **030.4** (Cristi Lucaci); **034.3, 078.2** (rSnapshotPhotos); **036.2, 058.4** (Anna Nahabed); **040.4** (Yorda); **044.3, 052.2** (Anatoly Tiplyashin); **044.4** (StockPhotoAstur); **050.1** (Vladyslav Starozhylov); **052.3, 080.3** (Sea Wave); **056.4** (zefart); **060.4** (Africa Studio); **066.3, 084.1** (Sylvia Biskupek); **072.4** (Nisalwa Raden-Ahmad); **078.3** (LightFieldStudios); **078.4** (Normana Kari); Shuttestock, : **070.3** (Detailfoto); stock.adobe.com, Dublin: **002.1** (dikobrazik); **088.4** (Frofoto); Thinkstock, München: **004.3** (eggeeggjiew); **004.4, 068.3** (vovan13); **010.3, 062.2** (fotojog); **012.1** (Alex Levine); **016.1, 054.2** (Wavebreakmedia Ltd); **016.3** (vantsov); **018.1, 018.2, 020.1, 028.2, 066.4, 068.1, 086.4** (papparaffie); **020.2** (BongkarnThanyakij); **022.2** (MarinMtk); **024.1, 058.1, 072.2** (Winai_Tepsuttinun); **024.3** (erlobrown); **028.4** (Staselnik); **032.2** (Hyrma); **036.4, 068.2** (Alexey Ukhov); **038.3** (erwo1); **042.1, 092.2** (EHStock); **042.2** (ArminStautBerlin); **044.1** (m-imagephotography); **044.2** (dcbog); **046.3** (desertsolitaire); **048.1, 062.3** (Ivantsov); **050.2** (Melpomenem); **050.3, 064.3** (Paffy69); **050.4** (RuthBlack); **052.1** (scanrail); **054.1** (utah778); **054.3** (IvelinRadkov); **058.2** (Hemera Technologies); **058.3** (simonkr); **060.2** (Yommy8008); **066.1** (Photodjo); **066.2** (fotoedu); **068.4** (Coprid); **070.2** (alexey_boldin); **070.4** (klikk); **072.1** (JANIFEST); **074.1** (design56); **074.2** (PRUDENCIOALVAREZ); **074.4** (drpnncpp); **076.1** (artJazz); **076.2** (AdamG1975); **076.3** (monkeybusinessimages); **076.4** (andylid); **080.4** (Sebalos); **084.2** (Uniyok); **084.4** (tanuha2001); **086.1** (frankpeters); **088.1** (Shablon); **088.2** (Eivaisla); **090.4** (Mitrija); **094.1** (bibacomua); **094.2** (konmesa); **094.3** (AndreyGorulko); © Odua | Dreamstime.com **004–094**

Alle anderen Bilder: Gunther Pagel, Viernheim